НАЦИЯ ЛЮБИТЕЛЕЙ ЖИВОТНЫХ

Создание Первого «Закона защиты и благополучия

животных»

I0173189

NATION OF ANIMAL LOVERS

Creating the First "Animal Protection and Welfare Act"

ДИНА БЛЭК-ПРИНЦ

DINA BLACK-PRINCE

«Dog Black Prince Trust»

2018

Блэк-Принц Д.

Люди многих постсоветских стран стоят сегодня на пороге создания своих Первых и исторически важных «Законов защиты и благополучия животных». В данной книге русскоязычный читатель-любитель животных, зоозащитник или защитник прав животных познакомиться с современным международным минимумом защиты и благополучия животных, который должен быть включен в Закон, и поможет читателю осознанно принять участие в создании Первого Закона– первого и очень важного шага в становлении «Нации любителей животных» страны . Ведь «Закон защиты и благополучия животных» — это моральное сознание (совесть) всего народа. Также в книге кратко описана история зоозащиты, отличия зоозащиты и благополучия животных, отличия зоозащиты и прав животных, узнаете, кто должен содержать приюты государство или зоозащитники. Читатель также узнает, что эффективнее отстрелов животных в 2 раза и что еще нужно помимо закона.

Дисклэймер: Содержание данной книги не является юридическим советом и предназначено как общая информация.

© Dina Black-Prince, 2018

© Дина Блэк-Принц, 2018

© Перевод Дина Блэк-Принц, 2018

ISBN 978-1-9997350-0-5

© Оформление. Издательство «Dog Black Prince Trust», 2018

*Посвящается **Черному Принцу** - Собаке всей моей жизни, одному на миллиард, который принес мне много счастья и любви. Огромное спасибо Вселенной за этот Подарок судьбы!!!*

Дополнительные ресурсы по созданию закона защиты и благополучия животных можно получить

по Е-мэйл dina.black.prince@gmail.com с пометкой – закон

Скоро в продаже книга

«НАЦИЯ ЛЮБИТЕЛЕЙ ЖИВОТНЫХ 2»

Дина Блэк-Принц

Содержание

ВСТУПЛЕНИЕ

1. Об авторе- «Мечты сбываются»

2. «Моя мечта- создание «Наций любителей животных» в постсоветских странах!»

3. Улучшения начинаются с повышение стандартов зоозащиты и благополучия животных

4. Создание Закона-первый шаг на пути к становлению «Нации любителей животных»

5. Послание потомкам-«простите нас»

ОСНОВНАЯ ЧАСТЬ

КРАТКО ОБ ИСТОРИИ ЗООЗАЩИТЫ 18 И 19 ВЕК

6. Джереми Бенсам- философ, который утверждал, что

чувствование боли животными должно быть признано на юридическом уровне.

7. Ричард Мартин- создатель Первого закона зоозащиты мира – «Акта Мартина» 1822

8. На страже Закона -Первое общество зоозащиты мира 1824- RSPCA-Королевское Общество по Предотвращению Жестокости к Животным

9. Королева Виктория (1819-1901) - Королева Зоозащиты мира

20 ВЕК

10. Кратко о деятельности защитников прав животных в 20 веке и «Революции животных»

ОСНОВНЫЕ ОПРЕДЕЛЕНИЯ И ИХ РАЗЛИЧИЯ

11. Основные определения– зоозащита, благополучие животных и права животных

12. Чем отличается зоозащита от благополучия животных?

13. Чем отличаются зоозащитники от защитников прав животных?

ЗАКОНОДАТЕЛЬСТВО

14. Кто получил12 миллионов за создание «Закона защиты и благополучия животных»?

15. Международный минимум включения в Закон

16. Что такое «сентиенс» и почему важно признание Законом этого этического принципа?

17. Что такое «5 свобод», «12 критериев ПКБ» и почему они важны для включения в «Закон благополучия животных»?

18. Письмо в Совет Министров с предложениями для Первого Закона «Защиты и благополучия животных» и Ответ на него

19. Кто будет на страже Закона полиция/милиция или зоозащитники?

20. Что нужно еще помимо Закона?

ОБРАЗОВАНИЕ

21. Почему важно включить в закон образование детей в школах ответственному владению животных?

22. Образование благополучию животных ветеринаров, зоотехников, правоохранительных работников и др.

23. Просвещение населения при помощи средств массовой информации

24. «Закон защиты и благополучия животных» — это моральное сознание (совесть) народа

СТЕРИЛИЗАЦИЯ

25. Что эффективнее отстрелов В 2 РАЗА?

26. Ветклиники с доступными ценами на стерилизацию: ветврач-герой зоозащиты мира

ПРИЮТЫ

27. Кто должен содержать приюты государство или зоозащитники?

ЗАКЛЮЧЕНИЕ

Создание Закона - первый шаг на пути к становлению «Нации любителей животных»

ПРИЛОЖЕНИЕ

Декларация Благополучия Животных Планеты

ОБ АВТОРЕ - «МЕЧТЫ СБЫВАЮТСЯ»

Будучи ребенком я всегда пыталась кого-то спасти, то котят, то щенят.

Я думала, почему у меня болит сердце за животных, а у других окружающих меня людей нет, кроме моей мамы, которой постоянно подбрасывали кошек и собак. Все мое детство прошло среди собак и кошек.

Низкий поклон моей маме- Софье Адамовне за то, что она воспитала во мне любовь к животным.

В этом холодном окружении взрослых и детей я однажды услышала где-то краем уха, что Великобритания – страна любителей животных. У меня появился луч света в темном царстве. «**Вот она страна-мечта!!!** Я хочу там пожить и увидеть своими глазами страну любителей животных». Мечта на тот момент была **УТОПИЕЙ**, потому что я жила в СССР с его железными занавесями, и поездка в Англию на тот момент была **мечтой из области фантастики.**

Неудивительно, что моя первая профессия была ветеринар. Именно в техникуме преподаватель Владимир Босов рассказал нам о британском писателе- ветеринаре Джеймсе Хэрриоте.

Желание прочитать книги Джеймса Хэрриота в оригинале помогло мне выучить английский язык с нуля, позднее в моей жизни. Конечно, **было очень трудно.** Я помню, однажды, в самом начале изучения языка, придя поздно вечером с курсов нужно было сделать домашнее задание к занятию утром. Задание было очень трудным и у меня уже не было больше сил, и я расплакалась. Хорошо, что меня поддержала моя семья, сказав, что **ПЕРВЫЕ ШАГИ-САМЫЕ ТРУДНЫЕ** и что я справлюсь, потому что позже будет легче.

ТАК ОНИ И БЫЛО! Чем больше я изучала язык, тем интереснее и легче было его изучение. Сегодня я владею английским на уровне носителя языка.

Конечно же, **книги Джеймса Хэрриота влюбили меня еще больше в его страну, и особенно в Йоркшир.** Моя мечта была – увидеть Музей Хэрриота в городе Сёрске (Thirsk). Многие туристы, посещая Великобританию хотят увидеть Лондон или Эдинбург. Я мечтала увидеть Сёрск (произносится Сёрск, также встречается русская версия Тирск) и Йоркшир.

Моя мечта сбылась. Я побывала несколько раз в музее и знаю о Джеймсе Хэрриоте больше, чем работники этого музея.

Однажды, проснувшись дома в Англии, в Лидсе – столице Йоркшира я осознала: «**А ВЕДЬ МОЯ ДЕТСКАЯ МЕЧТА СБЫЛАСЬ!!!** Я не только живу в Англии, но даже в Лидсе - столице моего любимого Йоркшира. Британцы называют Йоркшир -**«Графство самого Бога»**. Я с этим, абсолютно, согласна. Такой красивой природы я не встречала нигде, кроме, пожалуй, Шотландии.

ВЕРЬТЕ – МЕЧТЫ СБЫВАЮТСЯ!!!

МОЯ МЕЧТА- СОЗДАНИЕ «НАЦИЙ ЛЮБИТЕЛЕЙ ЖИВОТНЫХ» В ПОСТСОВЕТСКИХ СТРАНАХ

Я верю, что наступит день, когда МЫ с гордостью будем называть наши постсоветские страны – «НАЦИЯМИ ЛЮБИТЕЛЕЙ ЖИВОТНЫХ»!!!

Дина Блэк-Принц, 2018

«Иногда люди должны увидеть, что кто-то это сделал, чтобы сделать это самим».

Отец Чарлз Рорик

"Среди различных отличий распространения просвещения среди моих подданных, я особенно отмечаю, с огромным удовольствием, возрастание более гуманных чувств по отношению к животным; ни одна цивилизация не полна, если она не включает безголосых и беззащитных существ Бога в свою сферу благотворительности и милосердия"

Королева Виктория, 1887

Сегодня у меня другая мечта, чтобы постсоветские страны стали «Нациями любителей животных», какой является Великобритания уже СЕГОДНЯ.

Я верю, что наступит день, когда мы с гордостью будем называть наши постсоветские страны – «НАЦИЯМИ ЛЮБИТЕЛЕЙ ЖИВОТНЫХ»!!!

Зачем нам становиться «Нацией любителей животных»? Что это нам даст?

СТАВ «НАЦИЕЙ ЛЮБИТЕЛЕЙ ЖИВОТНЫХ» МЫ СТАНЕМ СЧАСТЛИВЕЕ, потому что нельзя быть абсолютно счастливым, когда вокруг нас страдают животные от боли.

Я вижу какое счастье приносят британцам их любимые питомцы. В Великобритании любят животных, особенно собак. **Собаки здесь,** в основном, **ДРУЖЕЛЮБНЫЕ,** потому что они знают **в этой стране ОНИ ЛЮБИМЫ.**

Сегодня титулом «Нация любителей животных» владеет, насколько я знаю, **только Великобритания.**

На **первом месте в мире** по благополучию животных, согласно данным ВЗЖ(WAP)-Всемирной Защиты Животных (бывшее название WSPA) находятся **Соединенное Королевство Великобритании и Северной Ирландии** (полное название государства), **Австрия** и **Швейцария.**

Россия на предпоследнем, а **Беларусь, Азербайджан** и Иран на **последнем месте в мире** по благополучию животных.

Наш путь будет не легким, но чем труднее путь, тем слаще будет наша победа!

До 1954 года **НИКТО НЕ ВЕРИЛ**, что можно пробежать милю меньше, чем за 4 минуты. В 1954 году Роджер Баннистер пробежал милю меньше, чем за 4 минуты. После этого 20 000 человек, включая старших школьников, смогли это сделать. Почему? Потому что **люди знали — это ВОЗМОЖНО**.

Отец Чарлз Рорик: **«Иногда люди должны увидеть, что кто-то это сделал, чтобы сделать это самим».**

УЛУЧШЕНИЯ НАЧИНАЮТСЯ С ПОВЫШЕНИЕ СТАНДАРТОВ ЗАЩИТЫ И БЛАГОПОЛУЧИЯ ЖИВОТНЫХ

Чтобы **изменить наши страны** нужно брать **пример с лучших стран мира** в области благополучия животных. Те, кто находят любые причины, чтобы найти «соринку» у этих стран, «не видя бревна в своем» - **бояться перемен**. Потому что да- **перемены трудны**. Намного легче покритиковать другие страны Запада и жить в своей ***«норме»*** - где тратят миллионы на убийства собак, как в России к Чемпионату Мира по футболу.

Знаменитый психолог Тонни Роббинс, работавший со многими президентами стран утверждает: «Единственное, что изменяет наши жизни долгосрочно – это **ПОДНЯТИЕ НАШИХ СТАНДАРТОВ**. Мы не получаем то, что мы **хотим**. Мы получаем то что мы **должны** иметь. Когда мы больше **НЕ ПРИНИМАЕМ ЧТО-ТО**, только тогда наша жизнь изменяется. **РАЗНИЦА МЕЖДУ ЛЮДЬМИ – ИХ СТАНДАРТЫ**. Каждый в мире имеет список того, что им **следует** сделать... Люди изменяются тогда, когда их **следует** становиться их **ДОЛЖЕН**».

Когда **МЫ ПОДНИМЕМ НАШИ СТАНДАРТЫ в области зоозащиты и благополучия животных** на примере других передовых стран и станем думать, что **МЫ ДОЛЖНЫ**, вместо нам СЛЕДУЕТ, только тогда мы сможем превратить наши страны в «НАЦИИ ЛЮБИТЕЛЕЙ ЖИВОТНЫХ».

Более подробно об этом в моей следующей книге.

СОЗДАНИЕ ЗАКОНА-ПЕРВЫЙ ШАГ НА ПУТИ К СТАНОВЛЕНИЮ «НАЦИИЛЮБИТЕЛЕЙ ЖИВОТНЫХ»

Становление «Нации любителей животных» - Великобритании началось с создания Первого в мире закона зоозащиты членом парламента - Ричардом Мартином в 1822 году.

Становление наших «Наций любителей животных» тоже должно начаться с создания Первого и исторически важного **«Закона защиты и благополучия животных».**

Я знаю, что наши потомки будут мучительно задаваться вопросом: «Ну ПОЧЕМУ, ПОЧЕМУ мои предшественники так долго не могли создать ПЕРВЫЙ «Закон защиты и благополучия животных» страны?» Поэтому я написала послание нашим потомкам с указанием 5 основных причин, на мой взгляд, нашего позорного отставания.

ПОСЛАНИЕ ПОТОМКАМ – «Простите нас»

Дорогие Потомки, как больно это осознавать и писать, ПРОСТИТЕ НАС за то, что, мы отстали почти на 200 лет от англоязычного мира в создании Первого Закона Защиты Животных. Я знаю, что вы ищите ответ на вопрос: " Почему мы – народы русскоязычных стран плетемся в конце всей планеты в области благополучия животных?"

Я вижу **5 причин**:

Первая – в русскоязычных странах немногие владеют знаниями **английского языка – языка защиты и благополучия животных**, в отличии от англоязычных стран, где знания благополучия животных распространяются со скоростью ветра.

Вторая причина – у нас **не было в истории Королевы Виктории**, примеру которой последовали аристократы и весь народ Великобритании и распространили идею защиты животных не только в своей стране, но и почти во всем мире.

Третья причина – это **«железные занавеси» СССР**, которые не пропускали информации защиты животных и защиты прав животных из-за границы, в том числе информации о Революции Животных 70-80-х годов 20 века, произошедшей в Европе и Америке.

Четвертая причина – «Вита» - организация прав животных России информирует: « В январе **2000** года исполняющий обязанности президента - ПУТИН В.В. **ОТКЛОНИЛ И НАЛОЖИЛ ВЕТО** на ФЗ **«О защите животных от жестокого обращения»** - закон, прошедший **все три чтения Госдумы** и **Совет Федерации**, созданный основательницей движения прав животных России - легендарной **Татьяной Николаевной Павловой**».

С разработанным законом Татьяны Павловой вы можете ознакомиться на вебсайте «Вита».

 Также в интернете есть интересный и исторически важный документ на трех страницах от 3 января 2000 года, в котором Путин В.В. абортирует Закон, указывая некоторые причины, на мой взгляд, необоснованные для 21 века.

Прогрессивной Татьяне Павловой суждено было повторить судьбу шотландца- Томаса Эрскина, когда его закон о защите животных, одобренный в Палате Лордов в 9 июня 1809 потерпел поражение в Палате Общин 37 голосов к 27. И только через 13 лет Ричарду Мартину повезло гораздо больше и созданный им закон был принят в 1822 году.

К сожалению, в России и через 18 лет, в 21 веке, Закона до сих пор нет.

Россия и ее **мощное телевидение** продолжают иметь огромное влияние на постсоветские страны. Если бы прогресс в области защиты и благополучия животных был в России, то он бы очень быстро распространился и на другие русскоговорящие страны, но, к огромному сожалению, прогресса в России не было и пока нет в данной области, как и до сих пор в 2018 году нет Закона защиты животных.

Пятая причина – в связи с тем, что в России не было принято закона о благополучии животных и не было моральной планки отношения к животным всего общества в 21 веке, запечатленной в письменной форме, это послужило причиной создания организованного движения догхантеров – движения жестокости к собакам и информационной войны против прогресса защиты и благосостояния животных России, движения, которого до этого не было нигде в мире и которое, к огромному сожалению, начинает просачиваться в другие русскоязычные страны.

За исключением прибалтийских, которые вошли в состав Европейского Союза, и Украины, которая создала закон в 2006 году, **большинство постсоветских стран, до сих пор не имеют «Закона защиты и/или благополучия животных»**. В этом плане они действительно **позади не только Европы, но и всего мира**.

 Во многих колонизированных странах законы предотвращения жестокости к животным были созданы еще тогда, когда они были колониями европейцев.

Наши Потомки, как больно это осознавать и писать, еще раз ПРОСТИТЕ НАС за наше отставание в 21 веке, и мы искренне желаем ВАМ гораздо больших успехов, чем это смогли сделать мы.

КРАТКО ОБ ИСТОРИИ ЗООЗАЩИТЫ

Если в 19 веке Королева Виктория способствовала прогрессу зоозащиты, то в 20 веке все было совсем по-другому и активисты прав животных своими действиями взяли контроль в свои руки и совершили «Революцию Животных» в 70-80х годах.

18 И 19 ВЕКА:

«Ни одна цивилизация не полна, если она не включает безголосых и беззащитных существ Бога в свою сферу благотворительности и милосердия».

Королева Виктория, 1887

ДЖЕРЕМИ БЕНСАМ- ФИЛОСОФ,

который утверждал, что

чувствование боли животными должно быть признано на юридическом уровне-1780

В 1780 году Джереми Бенсам (или Бентам, я выбрала вариант, который ближе к произношению в английском языке, так как в русском языке звука «*th*» нет) -философ

19

утилитаризма и адвокат (1748-1832) написал книгу: «Введение в принципы моралей и законодательства», которая считается классической среди сегодняшних студентов юриспруденции мира.

В этой книге (стр.310-311) в примечании озаглавленном: "**Интересы подчиненных животных, которые <u>не должным образом оставлены в законодательстве без внимания из-за нечувствительности древних юристов</u>**" он пишет:

«Наступит день, когда остальные из животных созданий смогут получить права, которые никогда не были бы удержаны от них, **если бы не рука тирании** ...взрослая лошадь или собака более рациональна в сравнении, как и более преобразованное животное, чем ребенок возраста одного дня, или недели, или месяца. Но что, если было бы наоборот, что произойдет? **Вопрос не в том, могут ли они рассуждать? Не в том, могут ли они говорить? *Но, могут ли они страдать*?** Почему закон может отказать в защите любому чувствительному к боли существу? Время придет, когда человечество защитит своей мантией всех дышащих...» (1)

Бенсам аргументирует в пользу не только прав животных, одновременно он защищает и права людей:

«Французы уже обнаружили, что черный цвет кожи –это не причина для того, чтобы человек был брошен без исправления капризов мучителя». **Настанет день, когда признают, что количество ног, цвет кожи или наличие** хвоста, причины равно недостаточные для оставления **чувствительного к боли существа** на произвол судьбе (1).

Учитывая, что это был **1780** год его утверждения **поразительно прогрессивны**.

Джереми Бенсам – философ и любитель кошек, который внес огромный вклад в историю зоозащитного движения. Его любимого кота звали Мистер Блэкман, который, из-за торжественной манеры поведения, был прогрессивно повышен к обращению Доктор Блэкман и позже Ваше Преподобие Доктор Блэкман. В другой версии этой истории кота звали Сэр Джон Лангборн. (2)

Бенсам также подружился с семейством мышей, и утверждал: «Я и Джордж Уилсон любили всех четвероногих, мы любили мышей и кошек, но трудно было примирить эти две привязанности». (3)

Бенсам был против охоты, рыбалки и приманок. (4)

Библиография:

1. Jeremy Bentham, *Introduction to the Principles of Morals and Legislation* (1780). Перевод с английского Дины Блэк-Принц, 2018
2. Richard Ryder, *Animal Revolution*, 1989. Перевод с английского Дины Блэк-Принц, 2018
3. *The Works of Jeremy Bentham*, ed. John Bowring (1843),

vol.11, p.81 Перевод с английского Дины Блэк-Принц, 2018

4. *The Works of Jeremy Bentham*, ed. John Bowring (1843), vol. 10, pp. 549-50 Перевод с английского Дины Блэк-Принц, 2018

РИЧАРД МАРТИН-СОЗДАТЕЛЬ ПЕРВОГО ЗАКОНА ЗООЗАЩИТЫ МИРА –

«АКТ МАРТИНА» 1822

Официально, среди историков зоозащиты считается, что первым в мире законом защиты животных стал Акт Мартина в 1822 году в Англии. Существует много версий неофициальных первых законов.

Возможно, учтен, тот факт, что принятие этих законов не вызвало таких огромных изменений в области зоозащиты в стране и мире, как принятие «Акта Мартина» в Англии.

Хотя именно ирландец Ричард Мартин стал автором официального - первого в мире принятого закона зоозащиты 22 июля 1822, но тринадцатью годами раньше, в 1809 шотландец Лорд Эрскин, друг философа Джереми Бенсама, произнес речь в Палате Пэров. Он представил Билл предотвращения жестокости к животным в Палату Лордов 15 мая 1809. Билл был принят лордами, но проиграл в Палате Общин 37 голосами к 27, из-за насмешек Виндхама. Как бы не были расстроены Лорд Эрскин и другие любители животных, **в свете истории их вклад был крепкой ступенью на пути к принятию Первого Закона Мира, защищающего животных**. (1)

Ричард Мартин (1754-1834), представляющий ирландское графство Галвэй в Парламенте, был широко известен своей любовью к животным. Король Джордж Четвертый, друг Мартина, называл его «Гуманный Ричард». Мартин был не только гуманным, но и практичным. Он проконсультировался с экспертом Джоном Лоуренсом по поводу деталей своего Билла.

Джона Лоуренса (1753-1839) считали «образованным фермером». Он был авторитетом в области сельского хозяйства и менеджмента домашних животных. Благодаря союзу этих двух прогрессивных зоозащитников, Мартина и Лоуренса, был принят первый в Англии закон предотвращения жестокости к животным. (1)

Он известен как **«АКТ МАРТИНА»** и был принят **22 ИЮЛЯ 1822**. Официально закон назывался: "**Акт предотвращения жестокости и незаконного (неправильного/ неуместного) отношения к скоту**». Благодаря этому закону судьи могли налаживать штрафы от 10 шиллингов до 5 фунтов или садить в тюрьмы до 3 месяцев людей, осужденных за жестокое отношение к «коням, кобылам, жеребятам, мулам, ослам, коровам, телкам, кастрированным быкам, быкам, овцам и другому скоту» (2).

Библиография:

1. Mike Radford, *Animal Welfare Law in Britain,* 2001. Перевод
    с английского Дины Блэк-Принц, 2018
2. *An Act to prevent cruel and improper Treatment of Cattle
    (Martin`s Act),*

3 Geo IV, с 75, 1822. Перевод с английского Дины Блэк-
Принц, 2018

НА СТРАЖЕ ЗАКОНА - ПЕРВОЕ ОБЩЕСТВО ЗООЗАЩИТЫ МИРА 1824 - RSPCA-КОРОЛЕВСКОЕ ОБЩЕСТВО ПО ПРЕДОТВРАЩЕНИЮ ЖЕСТОКОСТИ К ЖИВОТНЫМ

Ричард Мартин отчетливо сознавал, что Закон, созданный им, не будет работать, если не будет специальной организации, применяющей его. Поэтому он лично привлекал за жестокость через суд и сам оплачивал штрафы. Он стремился, чтобы были примеры (прецеденты) для судей в будущем.

Именно поэтому 16 июня 1824 года на улице Санкт-Мартин в Лондоне в Доме кофе Ричард Мартин-один из основателей RSPCA вместе с Фовэлл Бакстоном-членом парламента и **Реверендом Артуром Брумом**- официальным основателем создали SPCA, чтобы эта благотворительная организация **применяла законы на практике**. (1)

Позже Королева Виктория добавила «Королевское-Royal» в название общества и общество стало называться RSPCA-Королевским Обществом по Предотвращению Жестокости к Животным.

И сегодня RSPCA – самое первое общество зоозащиты мира **стоит на страже Законов** о защите и благополучии животных.

Библиография:

1. Richard Ryder, *Animal Revolution*, 1989. Перевод с английского Дины Блэк-Принц, 2018

КОРОЛЕВА ВИКТОРИЯ (1819-1901) - КОРОЛЕВА ЗООЗАЩИТЫ МИРА

Королева Виктория стала королевой случайно и только потому, что принцесса Шарлотта умерла при родах своего ребенка.

И кто знает как повернулись бы судьбы миллионов страдающих животных и их любителей, и защитников, если бы она не стала королевой?

 При правлении Виктории произошла не только индустриальная революция, но и первая революция животных, другая -произошла позже после опубликования книги Питера Сингера «Освобождение животных» в 1975 году.

Виктория проделала огромную работу для создания и лоббирования новых законов, защищающих животных, а также будучи примером для ее народа.

Эта поистине великая женщина- королева и императрица, которая находила время для защиты братьев наших меньших управляя половиной территории земного шара.

Территория Британской империи во времена правления Виктории была самой огромной в истории Британии. Существует даже фраза: «Солнце никогда не заходило на территории Британской империи».

Она также была матерью 9 детей. Викторию называют **прабабушкой Европы**, так как ее потомки были правителями во многих странах Европы, включая Российскую империю.

Ее крестным отцом был царь России, Александр I. И в честь его будущую королеву назвали **Александрина - Виктория.** Первые 9 лет ее называли – Дрина, кратко от Александрина. Позже она предпочла, чтобы ее называли Викторией (Longford E., 2011.)

Виктория по праву носит титул «Самый Любимый Монарх Великобритании». На территории Великобритании существует огромное количество памятников в честь Королевы Виктории сравнить которое можно только с количеством памятников Ленину в СССР.

Библиография:

1. Longford E., *Victoria*, 2011. Перевод с английского Дины Блэк-Принц, 2018

20 ВЕК:

«Те, кто делает мирные революции невозможными, сделает насильственные революции неизбежными»

Джон Кеннеди

В следующей моей книге я подробнее расскажу об истории зоозащиты 20 века: о создании «Ассоциации саботажников охоты в 1963» и «Революции Животных» 70-80х годов, последовавшей после публикации книги Питера Сингера «Освобождение Животных» и многом другом.

Активисты защиты прав животных оставляли книгу Сингера, как свою подпись на местах своей деятельности – освобождая животных из лабораторий, пушных ферм и т.д.

Если в 19 веке Королева Виктория способствовала прогрессу зоозащиты, то в 20 веке все было совсем по-другому и активисты прав животных своими действиями взяли контроль в свои руки и совершили «Революцию Животных» в 70-80х годах.

Потому что как сказал Джон Кеннеди: «Те, кто делает мирные революции невозможными, сделает насильственные революции неизбежными».

ОСНОВНЫЕ ОПРЕДЕЛЕНИЯ И ИХ РАЗЛИЧИЯ

Основные определения– зоозащита, благополучие животных и

права животных

ЧЕМ ОТЛИЧАЕТСЯ ЗООЗАЩИТА ОТ БЛАГОПОЛУЧИЯ ЖИВОТНЫХ?

«Зоозащита» – это защита от жестокости, причиняемой животному.

Понятие Благополучие Животного намного шире, чем понятие «Защита Животного. Оно включает в себя также зоозащиту и др.

«Благополучие животного» — это его способность существовать

в тех условиях, в которых оно живет. Животное находится в благо-

получном состоянии, если оно (что подтверждается результатами

научных исследований) здорово, хорошо питается, находится в безопасности, *способно проявлять свойственное ему природное поведение*;

а также если оно не испытывает неприятных ощущений, таких как

боль, страх или страдание. Хороший уровень благополучия животных

подразумевает ветеринарную профилактику и лечение заболеваний,

наличие подходящих укрытий, уход, питание, гуманное содержа-

ние и гуманные способы умерщвления/забоя. **Понятие**

благополучия животного относится к его **СОСТОЯНИЮ**;

уход, который получают животные, обозначается другими

понятиями, такими как забота о животном, разведение

животных и гуманное обращение с ними.

«Права животных» - признают, что животные имеют свои

права, в частности право на жизнь без вмешательства

человека и его эксплуатации.

ЧЕМ ОТЛИЧАЮТСЯ ЗООЗАЩИТНИКИ ОТ ЗАЩИТНИКОВ ПРАВ ЖИВОТНЫХ?

Зоозащитники или **велферисты** (от английского слова *welfare*-благополучие) заботятся о благосостоянии животных, но **не против** их использования в мясной, молочной и других промышленностях.

В то время, как моральным минимумом **защитников прав животных** или **аболицистов** (от английского слова **abolition**-отмена) является **веганство** - полный отказ от мясных, рыбных продуктов и продуктов животного происхождения. Например, желатина, сыров при производстве, которых использовалась сычужная жидкость коров, кожаных изделий и т.д.

Это основное различие. Более подробное объяснение вы можете услышать в видео «Различия между зоозащитой и защитой прав животных» на канале ютюба **«Фонд собаки Черный Принц»**.

ЗАКОНОДАТЕЛЬСТВО

Самый эффективный метод продвижения интересов животных — это официальное регулирования ответственности людей посредством законов.

Майк Радфорд, 2001

Вопрос не в том, могут ли они рассуждать? Не в том, могут ли они говорить? *Но, могут ли они страдать*?

Джереми Бенсам, 1780

12 МИЛЛИОНОВ ЗА СОЗДАНИЕ «ЗАКОНА ЗАЩИТЫ И БЛАГОПОЛУЧИЯ ЖИВОТНЫХ»!

ПРАКТИЧЕСКИЙ ЯРКИЙ ПРИМЕР БОСНИИ-ГЕРЦЕГОВИНЫ

Я заплакала, посетив один из британских фондов зоозащиты, и узнав о том, что одна из самых бедных стран Европы - Босния-Герцеговина **создала «Закон Защиты и Благополучия Животных»** в 2009 году и попросив помощи в 2012 году у международных фондов защиты животных **получила информационную помощь и миллионы долларов** в течении нескольких лет.

Я заплакала, потому что я поняла, какого успеха они добились, имея СОВРЕМЕННЫЙ закон и ПРОГРЕССИВНУЮ власть страны, желающую решать проблему контроля популяции бездомных животных ГУМАННЫМ ПУТЕМ.

Я заплакала от того, что это была не Беларусь, Россия или другая русскоязычная страна. Я очень сильно завидую Боснии-Герцеговине и ее животным, потому что я хочу, чтобы и в наших русскоязычных странах произошли такие же перемены для животных и их любителей.

Ответственным за принятие закона защиты животных следует осознавать, что огромная финансовая и информационная помощь международных фондов зоозащиты возможна только в том случае, если в стране будет создан гуманный и прогрессивный закон благополучия животных, основанный как минимум на признании **«ЧУВСТВИТЕЛЬНОСТИ ЖИВОТНЫХ»** и предотвращения жестокости и страданий животных, и **«5 СВОБОДАХ»**.

Это тот минимум, который позволит привлечь помощь международных фондов зоозащиты в страну.

Рассмотрим каких результатов добилось правительство Боснии-Герцеговины сотрудничая с одним из британских фондов зоозащиты за период с 2012 по 2017 годы.

КАКИХ **РЕЗУЛЬТАТОВ** ДОСТИГЛА БОСНИЯ-ГЕРЦЕГОВИНА, ПРИНЯВ ПРОГРЕССИВНЫЙ «ЗАКОН ЗАЩИТЫ И БЛАГОПОЛУЧИЯ ЖИВОТНЫХ»?

Один из британских фондов зоозащиты и правительство Боснии-Герцеговины осуществляли и осуществляют по настоящий момент 2018 год системный гуманный контроль популяции собак, используя 4 основных программы:

1. ПРОГРАММА ОБРАЗОВАНИЯ ВЕТЕРИНАРОВ – Профессиональное обучение хирургической стерилизации/кастрации и анестезии, доступное ветеринарным экспертам со всей Боснии-Герцеговины.

2. ПРОГРАММА СТЕРИЛИЗАЦИИ
Программа массовой стерилизации бездомных собак и бесплатная стерилизация владельческих собак производится в Кантоне Сараево, Кантоне 10, Тузла Кантоне, регионе Сараево-Зворник, а также в городе Банья Лука и прилегающих районах.

3. ПРОГРАММА ОБРАЗОВАНИЯ ДЕТЕЙ
Образование школьников с 7 до 11- летнего возраста проводится в Кантоне Сараево, Кантоне 10, в городе Банья Лука и в прилегающих районах, а также в регионе Сараево-Зворник и Тузла Кантоне.

4. ПРОГРАММА ШКОЛЫ СОБАК

Программа «Школа Собак» — это тренировка собак, основанная на принципах позитивной мотивации и доступна в Кантоне Сараево, Восточном Сараево, Зенике и окружающей ее территории.

5. С 2018 года также осуществляется ФОСТЕРНАЯ ПРОГРАММА (ПРОГРАММА ПЕРЕДЕРЖКИ).

Все перечисленные программы бесплатны для жителей Боснии-Герцеговины и производились и производятся (на 2018 год) за счет одного из фондов зоозащиты Великобритании.

Суммы расходов данного фонда в Боснии-Герцеговине за период 2012-2017 годы, даны для удобства понимания, в долларах США:

2012 год – 130 525 долларов США

2013 – 848 883

2014- 1 191 483

2015- 2 471 996

2016- 3 121 324

2017- 5 035 701

Итого: 12 799 912 долларов США (Двенадцать миллионов семьсот девяносто девять тысяч девятьсот двенадцать долларов США).

РЕЗУЛЬТАТЫ

1. **277** ветеринарных экспертов успешно закончили программу обучения ветеринаров хирургической стерилизации/ кастрации и анестезии.

2. Всего простерилизовано/ прокастрировано **43 557** собак. Из них **12 109** владельческих собак и **31 451** бездомных собак. Таким образом, удалось избежать рождения сотен тысяч новых бездомных собак.

3. Было проведено **7 199** занятий для детей и **144 414** школьников посетили эти занятия.

4. **343** собаки вместе с владельцами прошли тренировки в «Школе Собак».

Также **ПРАВИТЕЛЬСТВО** Боснии-Герцеговины **ТРАНСЛИРУЕТ ТЕЛЕВИЗИОННЫЕ ПРОГРАММЫ И СОЦИАЛЬНУЮ РЕКЛАМУ**, посвященные ответственному отношению к животным, включая стерилизацию собак и кошек.

На примере Боснии-Герцеговины мы увидели каких огромных результатов можно добиться, создав прогрессивный и гуманный «Закон благополучия животных» и показав международным фондам зоозащиты желание лидера государства гуманных изменений для животных в своей стране.

Я мечтаю, что наступит день и Беларусь, Россия, Казахстан и другие русскоговорящие страны станут странами, которым будут помогать международные фонды. БЕЛАРУСЬ в 2018 работает над созданием первого исторически важного закона о животных, но для этого БЕЛАРУСАМ необходимо создать **не** «Закон об обращении с животными», **а** ГУМАННЫЙ И ПРОГРЕССИВНЫЙ **«Закон БЛАГОПОЛУЧИЯ Животных»**. К огромному сожалению, несмотря на все предложения зоозащитников, в том числе и мои личные предложения (мое письмо с предложениями далее в книге), они не были учтены и в 2018 пока этого не произошло.

МЕЖДУНАРОДНЫЙ МИНИМУМ ВКЛЮЧЕНИЯ В ЗАКОН - «СЕНТИЕНС» И «5 СВОБОД»

Что такое «сентиенс» и почему важно признание «чувствование боли животными»?

Благополучие животных признано важной темой для этической и практической значимости.

Наука подтвердила, что животные, чувствующие боль, также делят с людьми сознание, эмоции, чувства и восприятие.

«Кембриджская Декларация о Сознании» от 7 июля 2012 утверждает, что многие животные обладают сознанием, как и человек.

«Чувствование боли животными», особенно позвоночными или **сентиенс** (от английского слова sentience-чувствование боли), – этический принцип, уже НАУЧНО ДОКАЗАННЫЙ и поэтому должен быть официально признан в законодательстве и/ или в инструкциях.

Например, законодательство Европейского Союза подняло на значительный международный уровень признание этического принципа «сентиенс» и благополучия животных.

Что такое «5 свобод» животных и «12 критериев Проекта Качества Благополучия» и почему они важны для включения в «Закон благополучия животных»?

В связи с выходом книги **«Живые машины» Рус Харрисон** (Ruth Harrison) **в 1964** в Великобритании инициировали расследование благополучия сельскохозяйственных животных в 1965 году. По итогам **"Отчета профессора Роджера Брамбелла 1965»**, которому было получено расследование, в 1967 был создан Консультативный Комитет, в 1979 преобразованный в **Совет по Благополучию Сельскохозяйственных Животных**.

5 Свобод Животных были разработаны этим **Советом в 1977 году**. Впервые упоминание о 5 Свободах встречается в декабре 1979 в пресс-уведомлении FAWC, незадолго до этого учрежденного правительством Великобритании.

5 свобод включены в "Декларацию Благосостояния Животных Планеты"

(Всемирная Декларация Благосостояния Животных).

Раньше законы включали только понятия «Ненужные или Неоправданные Страдания» и «Жестокость к животному». Проблема понятия «Ненужные или Неоправданные Страдания» в том, инспекторам ОЗЖ приходилось ждать, чтобы положение животного ухудшилось, чтобы подать в суд на владельца животного. Также многим удавалось избегать наказания, найдя лазейку в законе и доказав, что страдания были нужными или оправданными.

 Концепция «Пять Свобод» позволяет инспектору общественного объединения или работнику правоохранительных органов *завести дело сразу и **не нужно ожидать пока состояние животного ухудшится***. Для этой цели были также разработаны 12 WQP критериев по которым можно определить условия содержания животного.

"ПЯТЬ СВОБОД" включают

1. **Свобода от голода и жажды** – путем предоставления доступа к воде и еде, которые поддерживают хорошее здоровье и активность.

2. **Свободу от дискомфорта** – путем предоставления соответствующей среды для проживания, включая жилище и место для сна и отдыха.

3. **Свободу от болей, травм и болезней** – путем предоставления профилактических мер или ранней диагностики и лечения.

4. **Свободу естественного поведения** – путем предоставления достаточного места, соответствующих благоприятных условий и приспособлений, а также компании себе подобных.

5. **Свободу от страха и стресса** – путем обеспечения соответствующих условий и отношения, которые включают моральные страдания.

«5 свобод» предоставляют <u>**ценное руководство о нуждах благополучия животных,**</u> **и они охватывают 3 состояния** (физическое, психическое и естественные состояния).

В 2009 Welfare Quality Европейского Союза разработали для использования в Европе «**12 критериев Проекта Качества Благополучия** (Welfare Quality Project)»

12 ПКБ (12 WQP) КРИТЕРИЕВ БЛАГОСОСТОЯНИЯ ЖИВОТНЫХ

Разница между «5 свободами животных» и «12 критериями Проекта Качества Благополучия» в том, что хотя 12 критериев основаны на 5 свободах, но они предоставляют **более конкретные инструкции**, которые могут быть измерены гораздо легче на практике и **особенно важны для юридического рассмотрения**.

1. Животные не должны страдать от продленного голода, например, они должны иметь достаточное и соответствующее питание.

2. Животные не должны страдать от продленной жажды, например, они должны иметь достаточный и доступный источник воды.

3. Животные должны иметь комфорт во время отдыха.

4. Животные должны иметь температурный комфорт, например, им не должно быть слишком холодно или слишком жарко.

5. Животные должны иметь достаточно места, чтобы иметь возможность двигаться свободно.

6. Животные должны быть свободны от физических ушибов и травм.

7. Животные должны быть свободны от заболеваний, например, фермеры или работники, осуществляющие

уход за животными, должны соблюдать высокие стандарты гигиены и ухода.

8. Животные не должны страдать от боли, причиненной неподходящим менеджментом, обращением, убоем или хирургическими процедурами, (например, кастрацией, обезроживанием).

9. Животные должны иметь возможность выражать нормальное, безвредное, социальное поведение (например уход за собой).

10. Животные должны иметь возможность выражать другие нормальные поведения, например, они должны иметь возможность выражать, характерные для своего вида поведения такие, как поиск корма, рыскание.

11. Должно быть хорошее обращение с животными во всех ситуациях, например, люди, которые занимаются уходом должны пропагандировать хорошие отношения между людьми и животными.

12. Негативные эмоции у животных, такие как страх, страдание, неудовлетворенность, досада или апатия должны предотвращаться, в то время как позитивные эмоции, такие как безопасность, удовлетворенность, удовольствие должны поддерживаться.

©Перевод Дина Блэк-Принц, 2018
Welfare Quality, 2009

МОЕ ПИСЬМО В СОВЕТ МИНИСТРОВ И ПАЛАТУ ПРЕДСТАВИТЕЛЕЙ С ПРЕДЛОЖЕНИЯМИ ДЛЯ НОВОГО ЗАКОНА «ЗАЩИТЫ И БЛАГОПОЛУЧИЯ ЖИВОТНЫХ»

...

Апрель 2018

Совет Министров Республики Беларусь

220010, Республика Беларусь, г. Минск, ул. Советская, 11

Дом Правительства

ЗАКОН «ОБ ОБРАЩЕНИИ С ЖИВОТНЫМИ» РЕСПУБЛИКИ БЕЛАРУСЬ

Субъект права законодательной инициативы: Совет Министров Республики Беларусь

Входящий номер: 5313

Уважаемые Господа

Я, как прогрессивная и гуманная гражданка Беларуси, беспокоюсь за судьбу «Закона благополучия животных», за животных, и их любителей нашей страны.

Сегодня **Беларусь находится на последнем месте в мире по зоозащите**, согласно данным индекса - World Animal Protection index. Мы отстали от всего мира. В африканских странах законы зоозащиты были созданы еще колонизаторами – европейцами. Мы уже отстали почти на 200 лет от **Первого закона зоозащиты мира**, созданного Ричардом Мартиным в **1822** в Великобритании. Нам исторически важно и необходимо создать Первый закон защиты и/ или благополучия животных.

В Великобритании создали различные законы о животных, например, учитывающий интересы любителей животных, который был создан самым первым в **1822** и его современная версия - **«Закон Благополучия Животных 2006».**

Также законы, учитывающие интересы других людей, такие как «Закон об опасных собаках 1991», «Закон загрязнения земли собаками 1996» - об уборке за собаками, «Закон защиты окружающей среды 1990» - включающий контроль за собаками и т.д.

Может не надо пытаться внести все в один закон, который не будет соответствовать современным международным требованиям, принятым в мире.

Создав современный и гуманный «Закон благополучия животных», в котором будут, хотя бы, **минимальные международные требования благополучия животных**, Беларусь в будущем будет иметь возможность рассчитывать **на финансовую и информационную помощь** международных фондов зоозащиты. Например, одна из самых бедных стран Европы -Босния и Герцеговина за 5 лет получила финансовую помощь в размере **12 799 912 долларов США (Двенадцать миллионов** семьсот девяносто девять тысяч девятьсот двенадцать долларов США) и продолжает получать от одного из британских фондов зоозащиты, потому что у них был создан гуманный «Закон Защиты и Благополучия Животных 2009», основанный на признании «чувствительности животных», «5 свободах животных» и др,. и было желание правительства решить проблему бездомности собак ГУМАННЫМИ методами, а не устаревшими для 21 века.

Также создав достойный «Закон благополучия животных» Беларусь может изменить не только ход своей истории, но и стать примером для других стран пост-СССР, где еще нет такого закона, как когда-то сделал наш великий земляк – Францыск Скарына.

Ответственным за принятие закона защиты животных необходимо осознавать, что огромная финансовая помощь международных фондов зоозащиты возможна только в том случае, если в стране будет создан гуманный и современный закон благополучия животных, основанный на международных принципах благополучия животных организации «Всемирная Защита Животных» (World Animal Protection) и др., включающих как минимум:

1. **Животные - чувствующие существа и их благополучие должно уважаться.** (Чувствительность животных также признана законодательством Европейского Союза).

Определение животного в законе Англии 2006: ««Животное» - позвоночное, кроме человека.»

2. **Обязанность заботы и защиты, основанная на «5 СВОБОДАХ ЖИВОТНЫХ»,** описана подробнее ниже.

3. **Предотвращение жестокости и страданий животных. Также наказание за действие или бездействие, повлекшее за собой страдания животного,** описано подробнее ниже.

4. **Запрещение пропаганды жестокости к животным,** включая создание, распространение, продажу и владение, с намерением продажи, видео собачьих боев и другой продукции, пропагандирующей жестокость к животным.

5. Включение **«Ответственность за животных»** или «Защита и забота о животных» в образовательную систему **в программу младших школьников 7-11 лет,** так как дети – это завтрашние владельцы животных страны. Образование ответственности у владельцев – это гуманный и наиболее экономически эффективный метод, так как позволит

государству сэкономить деньги на варварских для 21 века отстрелах собак.

6. Включение **информирования населения об ответственности за животных** и **их стерилизацию** в телевизионные программы и социальную рекламу.

7. **Дрессировка любого животного** для спорта, выступлений или выставок должна производиться гуманным путем, используя **только позитивную мотивацию** и черты естественного поведения, а не негативную мотивацию и наказание, и в такой манере, при которой животное освобождено от боли, страданий, ушибов, травм, страха и психологических страданий.

8. Изменение название закона на современно приятое в мире **«Закон благополучия животных»** или «Закон защиты и благополучия животных».

Более подробно о «5 свободах» 2 пункта:

2. Обязанность заботы, основанная на «5 свободах животных:

Например, в законе Шотландии 2006, упомянутом выше, написано:

«Статья 24 Обеспечение благополучия животных

(1) Лицо, совершает правонарушение, если лицо не предпринимает никаких шагов, которые разумны в данных обстоятельствах обеспечения нужд животного, за которое лицо ответственно, до степени требуемой хорошей практикой.

(2) Обстоятельства, к которым относится параграф (1) включает-

(а) любая законная причина, по которой животное содержится,

(б) любая законная деятельность, производящаяся в отношении к животному

(3) Для целей параграфа (1) нужды животного включают-

(а) его нужда в соответствующей среде для проживания,

(б) его нужда в соответствующем кормлении и воде,

(в) его нужда в возможности проявлять манеры естественного поведения,

(д) любая нужда в том, что животное должно содержаться с компанией себе подобных, или отдельно,

(д) его нужда в защите - от страдания, травмы и болезни.

Примерный более подробный вариант на базе шотландского 24 (3) для закона Беларуси:

(3) Для целей параграфа (1) нужды животного включают-

(а) его нужда в соответствующей среде для проживания, включая жилище и место для сна и отдыха.

(б) его нужда в соответствующей диете, путем предоставления доступа к воде и еде, которые поддерживают хорошее здоровье и активность

(в) его нужда естественного поведения – путем предоставления достаточного места, соответствующих благоприятных условий и приспособлений, а также компании себе подобных.

(г) его нужда естественного поведения – путем предоставления достаточного места, соответствующих благоприятных условий и приспособлений, а также компании себе подобных.

(д) его нужда в защите - от болей, травм и болезней – путем предоставления профилактических мер или ранней диагностики и лечения.

(ж) Свободу от страха и стресса – путем обеспечения соответствующих условий и отношения, которые предотвращают моральные страдания.»

Что такое «5 свобод животных»?

1. Свобода от голода и жажды – путем предоставления доступа к воде и еде, которые поддерживают хорошее здоровье и активность.

2. Свободу от дискомфорта – путем предоставления соответствующей среды для проживания, включая жилище и место для сна и отдыха.

3. Свободу от болей, травм и болезней – путем предоставления профилактических мер или ранней диагностики и лечения.

4. Свободу естественного поведения – путем предоставления достаточного места, соответствующих благоприятных условий и приспособлений, а также компании себе подобных.

5. Свободу от страха и стресса – путем обеспечения соответствующих условий и отношения, которые

предотвращают моральные страдания."

Более подробное описание пункта 3 международного минимума наказание за действие или бездействие:

3. **Наказание за действие или бездействие, повлекшее за собой страдания животного.** Например, в шотландском законе 2006:

"Статья 19 Ненужные страдания:

(1) Лицо, совершает правонарушение если-

    (a) его действие послужило причиной страдания животного, и

(б) он знал, или ему разумно следовало знать, что действие приведет к этому или будет вероятность произошедшего.

(2) Лицо, ответственное за животное совершает правонарушение если –

    (a) лицо причиняет животному ненужные страдания действием или бездействием, и

(б) лицо знало или ему разумно следовало знать, что действие или бездействие приведет к этому или будет вероятность произошедшего.

(3) Лицо («лицо А»), ответственное за животное совершает преступление если-

    (a) другое лицо причиняет животному ненужные страдания действием или   бездействием, и

    (б) лицо А-

        (i) разрешает этому случиться, или

        (ii) не предпринимает шагов (путем контроля или другим)

разумным в данных обстоятельствах для предотвращения случившегося.

В идеале, я прошу чтобы беларусы попросили помощи у шотландцев и/ или у организации «Всемирная Защита Животных», и создали наш закон на основе «Animal Health and Welfare (Scotland) Act 2006» -«Закон здоровья и Благополучия Животных (Шотландия) 2006», который признан, экспертами по законодательству законов благополучия животных, лучше английского. Хотя бы «Часть 2 - Благополучие Животных». Или создать наш закон на основе английского, с его почти 200-летней историей, «Animal Welfare Act 2006» - «Закон Благополучия Животных 2006», или на основе закона другой страны **Европейского Союза**.

Голландцы, создавая свой первый закон зоозащиты в 19 веке, обратились к англичанам за помощью.

Если это невозможно, то, пожалуйста, включите пункты минимума международных стандартов, приведенные выше, также я настойчиво рекомендую попросить помощи у экспертной организации «Всемирная Защита Животных».

Большое спасибо, за внимание. Я надеюсь, хотя бы, эти пункты международного минимума будут включены в **Первый и исторически важный**, для нас и наших потомков, **«Закон благополучия животных 2018» Республики Беларусь**. Если понадобиться моя помощь в создании данного закона и/или создании образовательного курса для младших школьников или другая, я буду рада помочь. Более подробную информацию о «международных требованиях благополучия животных» можно будет также найти в моей книге, которая будет издана в ближайшее время.

С уважением, ...

Подпись: письмо отправлено с личного емэйла

Апрель 2018

ОТВЕТ НА МОЕ ПИСЬМО В СОВЕТ МИНИСТРОВ

МІНІСТЭРСТВА	МИНИСТЕРСТВО
ЖЫЛЛЕВА-КАМУНАЛЬНАЙ	ЖИЛИЩНО-КОММУНАЛЬНОГО
ГАСПАДАРКІ	ХОЗЯЙСТВА
РЭСПУБЛІКІ БЕЛАРУСЬ	РЕСПУБЛИКИ БЕЛАРУСЬ
МІНЖЫЛКАМГАС	МИНЖИЛКОМХОЗ
вул. Берсана, 16, 220050, г. Мінск	ул. Берсона, 16, 220050, г. Минск
тэл. (017) 2003185, факс. (017) 2003894	тел. (017) 2003185, факс. (017) 2003894

...04.2018

...

О рассмотрении обращения

Министерство жилищно-коммунального хозяйства Республики Беларусь на Ваше электронное обращение, адресованное Совет Министров Республики Беларусь, по вопросу обращения с животными сообщает следующее.

В настоящее время в Республике Беларусь разработан проект Закона Республики Беларусь «Об обращении с животными» (далее – Проект Закона).

Проект Закона был концептуально одобрен и согласован всеми заинтересованными государственными органами, прошел общественное обсуждение.

Проектом Закона определяются правовые основы обращения с животными и их содержания, направленные в первую очередь на обеспечение безопасности, иных прав и законных интересов граждан, защиту животных от жестокого обращения, решение иных проблемных вопросов в области обращения с животными.

В настоящее время Проект Закона находится в Палате представителей Национального собрания Республики Беларусь.

В соответствии со статьей 20 Закона Республики Беларусь от 18.07.2011 № 300-З «Об обращениях граждан и юридических лиц» данный ответ Вы вправе обжаловать в установленном законодательном порядке.

Заместитель   Министра
Г.А. Трубило

КТО БУДЕТ НА СТРАЖЕ ЗАКОНА ПОЛИЦИЯ/МИЛИЦИЯ ИЛИ ЗООЗАЩИТНИКИ?

Во многих странах применением Закона на практике занимается полиция/ милиция. В некоторых странах применением Закона и наказанием через суд занимаются инспекторы «Обществ по предотвращению жестокости животным».

Эти инспекторы наделены некоторыми правами полиции – правом входа в помещение, и право забрать животное или животных.

Ричард Мартин отчетливо сознавал, что Закон, созданный им, не будет работать, если не будет специальной организации, применяющей его. Поэтому он лично привлекал за жестокость через суд и сам оплачивал штрафы. Он стремился, чтобы были примеры (прецеденты) для судей в будущем.

Именно поэтому Ричард Мартин был одним из основателей RSPCA, чтобы эта благотворительная организация применяла законы на практике. И сегодня RSPCA – самое первое в мире общество зоозащиты **стоит на страже Законов** о защите животных, которых в Великобритании огромное количество.

ЧТО НУЖНО ЕЩЕ ПОМИМО ЗАКОНА?

Конечно, одного Закона недостаточно. Нужна комплексная программа, включающая законодательство, образование, стерилизацию, приюты и фостерные сети (сети передержек).

Об этом мы с вами, читатель, поговорим далее.

ОБРАЗОВАНИЕ

- Образование младших школьников 6-12 лет
- Образование «Благополучию животных» ветеринаров, зоотехников, правоохранительных работников и др.
- Просвещение населения при помощи средств массовой информации

ПОЧЕМУ ВАЖНО ВЛЮЧИТЬ В ЗАКОН ОБРАЗОВАНИЕ ДЕТЕЙ 6-12 ЛЕТ В ШКОЛАХ ОТВЕТСТВЕННОМУ ВЛАДЕНИЮ ЖИВОТНЫХ?

Включение гуманного образования в **национальную систему образования 6-12 лет**– это очень важный **путь эффективных изменений** страны путем внедрения принципов хорошей заботы о животных и зоозащиты внутри общества с раннего возраста. Дети — это завтрашние владельцы животных. Поэтому так важно воспитать у них <u>ответственность</u> за питомцев.

Образование «Благополучию животных» ветеринаров, зоотехников, правоохранительных работников и др.

Важно включение **курса «Благополучия животных»** в курс **«Ветеринарная Медицина»** и в соответствующие программы государственного образования и повышения квалификации.

Важно образование **работников правоохранительных органов,** занимающимся **применением «Закона** благополучия животных» на практике.

Просвещение населения при помощи средств массовой информации

Государству необходимо повышать осведомлённость общественности через Средства Массовой Информации: **телевидение**, радио, прессу и рекламные щиты социальной рекламы.

«ЗАКОН ЗАЩИТЫ И БЛАГОПОЛУЧИЯ ЖИВОТНЫХ» — ЭТО МОРАЛЬНОЕ СОЗНАНИЕ (СОВЕСТЬ) НАРОДА

Закон – это запись, напечатанная и публичная, которая выражает моральное сознание народа.

Всего народа! Поэтому **ЗООЗАЩИТНИКАМ** так важно проводить просвещение населения, чтобы народ страны захотел данный закон. **Важно делиться хорошими историями из других передовых стран и из своей страны, чтобы изменить менталитет людей.**

Существует теория, утверждающая, что для распространения идеи в обществе достаточно, чтобы идею приняло около 20% населения. Этого будет достаточно, для распространения идеи необходимости принятия современного Первого Закона своей страны. Подробнее об этом мы поговорим в моей следующей книге.

СТЕРИЛИЗАЦИЯ

ТАЛОНЫ НА СТЕРИЛИЗАЦИЮ ЖИВОТНЫХ ЭФФЕКТИВНЕЕ ОТСТРЕЛОВ. В 2 РАЗА!

Бесплатные талоны для людей с низкими доходами эффективнее устаревшего метода отловы/умерщвление в 2 раза.

Отловы/ умерщвления помогают устранить **лишь симптомы**, **но не причины** проблем популяции. Они не ведут к контролю популяции и на них нельзя полагаться, как на единственное средство.

В **1989** англичане ввели **программу бесплатных талонов (ваучеров) на стерилизацию животных** для людей с низкими доходами и **за 10 лет они получили результат**: уменьшение популяции бездомных собак на 60% и уменьшение эвтаназии собак на 90%.

Это великолепные результаты, доказывающие, что **талоны на стерилизацию эффективнее устаревшего метода отловов/умерщвления**, при котором максимальное уменьшение популяции бездомных собак, даже максимально эффективное составляет всего лишь **30-40%**.

Эта программа доказала своими результатами, что бесплатные талоны стерилизации животных для людей с низкими доходами имеют гораздо более эффективные результаты – **уменьшение популяции бездомных собак на 60%** по сравнению с устаревшим методом отловов/

умерщвления – **30-40%**, то есть на 20-30% или почти **в 2 раза** талоны более эффективны отстрелов.

Талоны на стерилизацию животных эффективнее отстрелов в 2 раза!

ВЕТКЛИНИКИ С ДОСТУПНЫМИ ЦЕНАМИ НА СТЕРИЛИЗАЦИЮ

Легендарный ветврач-**герой зоозащиты мира** Доктор Джефф Янг установил цену на стерилизацию и кастрацию в своих клиниках **намного дешевле**, чем у других ветврачей его страны.

Он добился снижения цен на стерилизацию животных для населения путем введения в программу обучения ветеринаров:

1- Современных методов стерилизации **без применения шовного материала для кастрации котов** и применения минимального шовного материала для кастрации собак и стерилизации кошек и собак.

2- Обучение ветеринаров **современным быстрым техникам** кастрации и стерилизации, за счет которых уменьшится стоимость анестетиков (наркоза) для проведения операции.

Государство может добиться снижения цен на стерилизацию животных для населения путем введения в программу обучения ветеринаров данных техник. Иногда, Джефф Янг посещает ветеринарные университеты по приглашению.

Всем этим методам кастрации и стерилизации животных можно обучиться в клиниках США, Словакии "Planned

Pethood Plus" Доктора Джеффа Янга -**Dr Jeff Young**, легендарного ветврача, пропагандирующего стерилизацию животных во всем мире и защитника животных из программы National Geographic "**Dr Jeff Rocky Mountains Vet** " – «Доктор Джефф – Ветеринар Гор Роки».

Если нет возможности поехать на стажировку в его клиники, как это удалось мне, то можно обучаться по видео операций, сделанных в его клинике на канале «Фонд собаки Черный Принц».

КТО ДОЛЖЕН СОДЕРЖАТЬ ПРИЮТЫ ГОСУДАРСТВО ИЛИ ЗООЗАЩИТНИКИ?

Всемирная Защита Животных (бывшее название WSPA) утверждает: **«Государство должно содержать приюты»** или давать гранты на проведение работ объединениям защиты животных на менеджмент популяции бездомных животных.

Я считаю: " Если государство не борется с *причиной* появления бездомных животных - не создает необходимые **законы** о животных и не проводит **образование** населения в школах и через средства массовой информации, и не субсидирует **бесплатные талоны стерилизации животных** для людей с низким доходом, то за эти <u>ОШИБКИ ГОСУДАРСТВА</u> оно должно расплачиваться своим *следствием* - содержанием приютов или предоставлением грантов зоозащитным объединениям на содержание приютов и т.д.

ЗАКЛЮЧЕНИЕ

СОЗДАНИЕ ЗАКОНА-ПЕРВЫЙ ШАГ НА ПУТИ К СТАНОВЛЕНИЮ «НАЦИИ ЛЮБИТЕЛЕЙ ЖИВОТНЫХ»

Конечно, как мы увидели одного Закона недостаточно. Нужна комплексная программа, включающая законодательство, образование, стерилизацию, приюты и фостерные сети (сети передержек).

1. В страну не пришла и не придет помощь богатых международных фондов зоозащиты, пока власть не будет готова к **созданию СОВРЕМЕННОГО ДЛЯ 21 ВЕКА ЗАКОНА**. Чтобы улучшить страну в области благополучия животных нужно делать шаги по направлению к этой цели и первый самый важный шаг – это создание современного и гуманного «ЗАКОНА БЛАГОПОЛУЧИЯ ЖИВОТНЫХ», основанного, как минимум, НА ПРИЗНАНИИ **«ЧУВСТВОВАНИЯ БОЛИ ЖИВОТНЫМИ» и на «5 СВОБОДАХ ЖИВОТНЫХ»**.

2. Мы увидели на примере Англии, что **БЕСПЛАТНЫЕ ТАЛОНЫ НА СТЕРИЛИЗАЦИЮ ЭФФЕКТИВНЕЕ ОТСТРЕЛОВ В 2 РАЗА.**

3. Всемирная Защита Животных (бывшее название WSPA) утверждает: «**ГОСУДАРСТВО ДОЛЖНО СОДЕРЖАТЬ ПРИЮТЫ**» или давать гранты на проведение работ объединениям защиты животных на менеджмент популяции бездомных животных.

Я считаю: " Если государство не борется с *причиной* появления бездомных животных - не создает необходимые **законы** о животных и не проводит **образование** населения в школах и через средства массовой информации, и не субсидирует **бесплатные талоны стерилизации животных** для людей с низким доходом, то <u>ОШИБКИ ГОСУДАРСТВА</u>, за которые оно должно расплачиваться своим *следствием* - содержанием приютов или предоставлением грантов зоозащитным объединениям на содержание приютов и т.д.

Становление «Нации любителей животных» - Великобритании началось с создания «Первого закона зоозащиты мира» членом парламента - Ричардом Мартином в 1822 году.

Становление НАШИХ «НАЦИЙ ЛЮБИТЕЛЕЙ ЖИВОТНЫХ» тоже должно начаться с создания Первого и исторически важного «Закона защиты и благополучия животных».

Дина Блэк-Принц

ДЕКЛАРАЦИЯ БЛАГОПОЛУЧИЯ ЖИВОТНЫХ ПЛАНЕТЫ, WSPA-2011

ПРЕАМБУЛА

1. ПОДТВЕРЖДАЯ, что животные являются Чувствующими существами и что их благосостояние является проблемой, заслуживающей рассмотрения и уважения со стороны Государств Участников;

2. ОСОЗНАВАЯ, что люди разделяют эту планету с другими видами и другими формами жизни, и что все формы жизни сосуществуют во взаимозависимой экосистеме;

3. ПОДЧЕРКИВАЯ, что благосостояние животных должно руководствоваться лучшими доступными научными и этическими ценностями;

4. ПОВТОРЯЯ, что «5 свобод» (свобода от голода, жажды и недоедания; свобода от страха и страдания; свобода от физического и теплового дискомфорта; свобода от боли, травмы и болезни; и свобода выражения нормальных манер поведения) обеспечивают ценное общее руководство по благополучию животных;

5. УБЕДИВШИСЬ, что хорошие практики в области благополучия животных могут иметь значительные

преимущества для людей и окружающей среды, и что включение благополучия животных в политические дискуссии может усилить попытки правительств и Организации Объединенных Наций по целому ряду вопросов, включая здоровье людей и животных, безопасность продовольствия, сокращение масштабов нищеты и голода, оказание помощи и уменьшение опасности бедствий, экологическая устойчивость и социальное развитие.

6. ПРИВЕТСТВУЯ интеграцию благополучия животных Организации Продовольствия и Сельского Хозяйства ООН (FAO) в сферу своей программы борьбы с бедностью, оказания помощи в случае стихийных бедствий и развития животноводства, как указано в их Докладе Совещания Экспертов «Наращивание потенциала для осуществления хорошей практики для обеспечения благополучия животных» (2008);

7. ПРИЗНАВАЯ, что многие Государства Участники уже имеют систему законодательной защиты для животных, как домашних, так и диких, и что важно обеспечить постоянную эффективность этих систем и разработку более совершенных и более всеобъемлющих (исчерпывающих) положений о благосостоянии животных;

8. УЧИТЫВАЯ, что реклама (продвижение) благополучия животных требует коллективных действий и что все заинтересованные и затрагиваемые стороны должны быть вовлечены;

9. ПРИЗНАВАЯ, что положения, содержащиеся в этой Декларации, не влияют на права любого Государства Участника;

10. ОТМЕЧАЯ Резолюцию XIV, принятую 24 мая 2007 Международным Комитетом Всемирной Организации Здоровья Животных (OIE) (МЭБ) (признанной международным органом по установлению стандартов по вопросам благосостояния животных), в которой, в принципе, была выражена поддержка развития этой Декларации Благополучия Животных Планеты.

Провозглашает следующую Декларацию Планеты как средство улучшения благосостояния животных:

1 Пункты в разделе Преамбулы пронумерованы для удобства ссылок, только в целях обсуждения.

1. Статья I:

Животные – это Чувствующие существа и их благополучие должно уважаться.

2. Статья II:

В целях настоящей Декларации благополучие животных включает в себя здоровье животных и охватывает как физическое, так и психологическое состояния животного. Благополучие животных можно охарактеризовать как хорошее и высокое, если животное в хорошей физической форме, здорово, свободно от страданий и в позитивном состоянии благополучия.

3. Статья III:

Чувствительность следует понимать, как способность иметь чувства, включая боль и удовольствие, и подразумевает уровень сознательного осознания. Научное исследование подтверждает, что все позвоночные являются чувствующими животными, и указывает на чувствительность у некоторых беспозвоночных. Эта активная область исследования и знания о чувствительности разных видов продолжает развиваться.

4. Статья IV:

Государствам Участникам следует принять все соответствующие меры для предотвращения жестокого обращения с животными и уменьшения их страданий. Эта Декларация обеспечивает основу для государств и народов:

- Работать над улучшением национального законодательства благополучия животных
- Ввести законодательство о благополучии животных в странах, где оно в настоящее время не существует
- Поощрять те предприятия и бизнес компании, которые используют животных, учитывая благосостояние животных на переднем крае своей политики (стратегии)
- Соединять программы гуманной помощи, развития и обеспечения благосостояния животных на национальном и международном уровнях
- Вдохновлять на позитивные изменения в отношении общества к благосостоянию животных.

5. Статья V:

Надлежащая политика, законодательство и стандарты в отношении благополучия животных должны быть дополнительно разработаны и рассмотрены на основе настоящей Декларации, включая, но не ограничиваясь теми, которые регулируют обращение с дикими и компаньонами, животными использующими в сельском хозяйстве, в научных исследованиях (лабораторные), тягловые и животные, используемые для развлечений (цирки) и теми, которые содержатся в неволе (зоопарки).

6. Статья VI:
Политика, законодательство и стандарты, достигнутые каждым государством, в отношении благополучия животных, должны соблюдаться, признаваться и продвигаться посредством совершенствования практик и создания потенциала на национальном и международном уровнях. Несмотря на существенные социальные, экономические и культурные различия между обществами, каждому государству следует заботиться и относиться к животным гуманным и устойчивым образом в соответствии с принципами этой Декларации.

7. Статья VII:
Государства -Участники призываются принять все необходимые меры, для реализации этих согласованных принципов.

Дополнительные ресурсы по созданию закона защиты и благополучия животных можно получить

по Е-мэйл dina.black.prince@gmail.com с пометкой – закон

Скоро в продаже книга

«НАЦИЯ ЛЮБИТЕЛЕЙ ЖИВОТНЫХ 2»

Дина Блэк-Принц